232

Merve Verlag

Michel Foucault
Das Leben der infamen Menschen

Herausgegeben und übersetzt
von Walter Seitter

Merve Verlag Berlin

„La Vie des hommes infâmes" erschien zuerst in Les Cahiers du Chemin,*No.29, Paris 1977*.
Mit freundlicher Genehmigung des Suhrkamp Verlages

Postfach 150 927 10671 Berlin
Printed in Gerrnany
Druck- und Bindearbeiten: Dressler, Berlin
Umschlagentwurf: Jochen Stankowski, Dresden
ISBN 3-88396-165-5

www.merve.de

Inhalt

Es ist dies nicht ein Buch der Geschichtswissenschaft. Der Auswahl, die man hier vorfindet, liegt keine bedeutendere Regel zugrunde als mein Geschmack, mein Vergnügen, eine Rührung, das Lachen, die Überraschung, ein gewisser Schauder oder sonst ein Gefühl, dessen Intensität ich jetzt, da der erste Moment der Entdeckung vorüber ist, nur noch schwerlich rechtfertigen könnte.

Es ist eine Anthologie von Existenzen. Es sind Leben von wenigen Zeilen oder etlichen Seiten; es sind Unglücke oder Abenteuer ohne Zahl, zusammengerafft in eine Handvoll Wörter. Kurze Leben, angetroffen im Zufall der Bücher und der Dokumente. Es sind *exempla*, aber - im Unterschied zu denjenigen, die die Weisen im Laufe ihrer Lektüre sammeln - solche Exempel, die nicht so sehr Lektionen zum Meditieren enthalten als vielmehr kurze Effekte, deren Kraft alsbald fast erlöscht. Der Ausdruck „*nouvelle**" könnte mir ziemlich passen, um sie zu bezeichnen, weil er auf zweierlei anspielt: auf die Schnelligkeit des Berichtes und auf die Wirklichkeit der berichteten Ereignisse. Denn derart ist in diesen Texten die Zu-

**Nouvelle* bedeutet sowohl „Novelle" wie auch „Nachricht" (A.d.Ü.)

sammenziehung der gesagten Dinge, daß man nicht weiß, ob die Intensität, die sie durchquert, mehr am Aufblitzen der Wörter liegt oder an der Gewalt der in ihnen sich überstürzenden Tatsachen. Einzigartige Leben, die - ich weiß nicht, durch welchen Zufall - befremdende Gedichte geworden sind: dies wollte ich in einer Art von Herbarium zusammentragen.

Die Idee dazu ist mir eines Tages gekommen, glaube ich, als ich in der Nationalbibliothek ein Internierungsregister vom Anfang des 18. Jahrhunderts las. Mich dünkt, daß sie mir gerade beim Lesen dieser beiden Eintragungen gekommen ist:

Mathurin Milan, eingeliefert ins Hospital von Charenton am 31. August 1707: „Es war immer sein Wahnsinn, sich vor seiner Familie zu verbergen, ein obskures Leben auf dem Land zu führen, Prozesse am Hals zu haben, von zahlungsunfähigen Schuldnern Wucherzins zu verlangen, seinen armen Geist auf unbekannte Straßen zu führen undsich der größten Beschäftigungen für fähig zu glauben."

Jean Antoine Touzard, eingeliefert ins Schloß von

Bicêtre am 21. April 1707: „Abtrünniger Fanziskaner, aufrüherisch, fähig der größten Verbrechen, Sodomit, Atheist, wenn man das sein kann; das ist ein Greuelmonster, das zu ersticken weniger ungelegen käme als es freizulassen.“

Ich wäre in Verlegenheit, sagen zu müssen, was ich genau empfunden habe, als ich diese Fragmente und viele andere, die ihnen ähnlich sind, las. Zweifellos war es einer jener Eindrücke, von denen man sagt, daß sie „physisch“ sind - als ob es andere geben könnte. Und ich gestehe, daß diese „Nachrichten-Novellen“, die plötzlich aus einem Schweigen von zweieinhalb Jahrhunderten aufgestanden sind, mehr Fasern in mir aufgerüttelt haben als das, was man gewöhnlich die Literatur nennt - ohne daß ich heute noch sagen kann, ob mich mehr die Schönheit des klassischen, in wenigen Sätzen um elende Personen drapierten Stils bewegt hat oder die Exzesse, die mit düsterer Hartnäckigkeit vermischte Ruchlosigkeit der Leben, deren Abwegigkeit und Erbitterung man unter den steinglatten Wörtern noch spürt.

Vor langer Zeit habe ich derartige Dokumente für

ein Buch verwendet. Wohl wegen jener Erschütterung, die ich noch immer verspüre, wenn ich auf jene niedrigen Leben treffe, die zu Asche geworden sind in den wenigen Sätzen, die sie gefällt haben. Mein Traum wäre es gewesen, ihre Intensität in einer Analyse zu rekonstruieren. Aus Mangel an nötigem Talent habe ich lange Zeit nur die Analyse wiedergekäut; ich habe die Texte in ihrer Trockenheit genommen; ich habe gesucht, welcher ihr Daseinsgrund gewesen ist, auf welche Institutionen oder auf welche politische Praktik sie sich bezogen haben; ich habe zu wissen versucht, warum es plötzlich in einer Gesellschaft wie der unsrigen so wichtig gewesen ist, daß ein anstößiger Mönch oder ein wunderlicher und inkonsequenter Wucherer „erstickt" werden (wie man einen Schrei, ein Feuer oder ein Tier erstickt); ich habe gesucht, warum man eigentlich mit soviel Eifer die armen Geister daran hindern wollte, sich auf unbekannten Straßen zu ergehen. Doch die ersten Intensitäten, die mich motiviert hatten, blieben draußen. Und da sie nicht in die Ordnung der Rationalität eintreten wollten, da mein Diskurs sie nicht gehörig zu begründen vermochte, so war es wohl das Beste, sie in der Form zu belassen, die sie für mich so spürbar gemacht hatten.

Daher die Idee zu dieser Sammlung, die ohne Hast und ohne klar definiertes Ziel zustande gekommen ist. Lange dachte ich daran, sie in einer systematischen Ordnung zu präsentieren, mit einigen Erklärungen und mit Andeutungen zum historischen Stellenwert. Ich habe darauf verzichtet, und ich werde gleich sagen warum. Ich habe mich entschlossen, ganz einfach eine bestimmte Zahl von Texten zusammenzustellen: wegen der Intensität, die sie mir zu haben schienen; ich habe ihnen einige Vorbemerkungen beigegeben; ich habe sie so angeordnet, daß einem jeden seine Wirkung erhalten bleibt - meines Erachtens das geringste Übel. Mein Ungenügen hat mich der kargen Lyrik des Zitierens überantwortet.

Dieses Buch wird also nicht die Arbeit der Historiker leisten - weniger noch als die anderen. Ist es nichts weiter als eine subjektive Grille? Eher würde ich sagen - aber es läuft vielleicht aufs selbe hinaus: es ist das Buch einer Konvention und eines Spiels, einer kleinen Manie, die sich ihr System gegeben hat. Ich glaube, das Gedicht vom wunderlichen Wucherer oder das vom sodomitischen Franziskaner haben mir vom Anfang bis zum Ende als Modell gedient. Um so etwas wie diese Existenzen, die Blitze sind, wie diese Gedichte, die Leben sind, aufzufinden, habe ich mir gewisse einfache Regeln gegeben:

- daß es sich um Personen handelt, die real existiert haben;
- daß jene Existenzen gleichzeitig obskur und unglücklich gewesen sind;
- daß sie auf wenigen Seiten oder besser noch in wenigen Sätzen, so kurz wie möglich, erzählt sind;
- daß diese Berichte nicht einfach seltsame und pathetische Anekdoten bilden, sondern daß sie auf die eine oder andere Weise (als Anklagen, Denunziationen, Befehle oder Berichterstattungen) wirklich ein Teil der winzigen Geschichte jener Existenzen, ihres Unglücks, ihrer Wut oder ihres ungewissen Wahnsinns gewesen sind;
- und daß aus dem Schock jener Wörter und jener Leben für uns immer noch ein Effekt von Schönheit und Schauer entsteht.

Doch muß ich mich über diese Regeln, die willkürlich erscheinen mögen, etwas näher erklären.

Ich wollte, daß es sich immer um wirkliche Existenzen handele; daß man ihnen einen Ort und ein Datum geben könne; daß es hinter den Namen, die nichts mehr sagen, hinter den schnellen Wörtern, die zumeist falsch, lügnerisch, ungerecht, übertrieben gewesen sein mögen, Menschen gegeben habe, die gelebt haben und gestorben sind, Leiden, Bosheiten, Eifersüchte, Beschimpfungen. Ich wollte alles verbannen, was Imagination oder Literatur ist: keiner der schwarzen Helden, die von diesen erfunden worden sein mögen, erschien mir so intensiv wie jene Schuhflicker, jene fahnenflüchtigen Soldaten, jene Seifenhändler, jene vagabundierenden Mönche, allesamt rasend, anstößig oder erbärmlich; und das nur deswegen, weil man weiß, daß sie existiert haben. Verbannt habe ich desgleichen alle Texte, die nach Erinnerungen, Erzählungen, Übersichten aussahen, die also die Wirklichkeit wohl wiedergeben mochten, doch ihr gegenüber die Distanz des Blicks, des Gedächtnisses, der Neugierde oder der Belustigung aufrechterhielten. Es lag mir daran, daß diese Texte immer in einer Beziehung oder vielmehr in möglichst vielen Beziehungen zur Wirklichkeit stehen: nicht nur daß sie sich darauf beziehen, sondern daß sie darin wirken; daß sie ein Stück in der Dramaturgie des Wirklichen seien, daß sie das Instrument einer Rache, die Waffe eines Hasses, eine Episode in einer Schlacht, das Gestikulieren einer Verzweiflung oder einer Eifersucht, ein Bittflehen oder einen Befehl konstituieren. Ich habe nicht Texte ausgesucht, die die Wirklichkeit besser als andere wiedergeben, die sich durch ihren Darstellungswert empfehlen, sondern Texte, die eine Rolle in dem Realen spielen, von dem sie sprechen, und die bei all ihrer Ungenauigkeit, ihrer Emphase, ihrer Heuchelei von der Realität wiederum durchfahren werden: Diskursfragmente, die die Fragmente einer Realität nach sich ziehen, deren sie ein Teil sind. Es handelt sich hier nicht um eine Sammlung von Porträts; es sind Fallen, Waffen, Schreie, Gesten. Haltungen, Hinterhältigkeiten, Intrigen, deren Instrumente die Wörter sind. Wirkliche Leben sind in diesen wenigen Sätzen „gespielt“ worden; ich will damit nicht sagen, daß sie darin dargestellt worden sind, sondern daß ihre Freiheit, ihr Unglück, ihr Tod häufig, ihr Schicksal jedenfalls, zu einem Teil wenigstens, darin entschieden worden sind. Diese Diskurse haben wirklich Leben gekreuzt; diese Leben sind tatsächlich riskiert und verloren worden in diesen Wörtern.

Ich wollte auch, daß diese Personen selber obskur seien; daß nichts sie für irgendein Aufsehen prädestiniert habe; daß sie mit keiner der etablierten und anerkannten Größen begabt gewesen seien - Größen der Geburt, des Vermögens, der Heiligkeit, des Heldentums oder des Genies; daß sie zu jenen Milliarden von Existenzen gehören, die dazu bestimmt sind, ohne Spur vorüberzugehen; daß es in ihren Unglücken, in ihren Leidenshaften, in diesen Lieben und in diesen „Hässen" etwas Graues und Gewöhnliches gebe im Vergleich zu dem, was man sonst für würdig hält, erzählt zu werden; und daß sie gleichwohl von einem Feuer durchquert worden seien, daß sie von einer Gewalt, einer Energie, einem Exzeß in der Bosheit, in der Gemeinheit, in der Niederträchtigkeit beseelt gewesen seien, die ihnen in den Augen ihrer Umwelt und gerade im Verhältnis zu ihrer Mittelmäßigkeit eine Art von erschreckender oder erbarmungswürdiger Größe gab. Ich war auf die Suche nach jenen Teilchen ausgegangen, deren Energieladung um so größer ist, je kleiner und unscheinbarer sie selber sind.

Damit etwas von ihnen bis zu uns herüberkomme, bedurfte es allerdings eines Lichtbündels, das sie - einen Augenblick zumindest - beleuchten kam. Licht, das von anderswo kommt. Was sie der Nacht entreißt, in der sie hätten bleiben können und vielleicht für immer bleiben sollen, das ist die Begegnung mit der Macht: ohne diesen Zusammenstoß wäre gewiß kein Wort mehr da, um an ihren flüchtigen Durchgang zu erinnern. Die Macht, die diesen Leben aufgelauert hat, die sie verfolgt hat, die ihren Klagen und ihrem kleinen Lärmen, sei es auch nur einen Augenblick, Aufmerksamkeit geschenkt hat und sie mit ihrem Prankenschlag gestempelt hat, sie ist es, die die wenigen Wörter hervorgerufen hat, die uns von ihnen bleiben: sei es daß man sich an sie wenden wollte, um zu denunzieren, um sich zu beklagen, um zu betreiben, um zu flehen, sei es daß sie geruht hat zu intervenieren und daß sie in wenigen Wörtern geurteilt und entschieden hat. Alle diese Leben, die dazu bestimmt waren, unterhalb jedes Diskurses vorüberzugehen und zu verschwinden, ohne jemals gesagt worden zu sein, haben Spuren - kurze, einschneidende, rätselhafte oft - nur am Punkt ihrer plötzlichen Berührung mit der Macht hinterlassen können. Derart, da8 es auf immer unmöglich ist, sie an ihnen selber zu erfassen, so wie sie „im freien Zustand“ sein mochten; aufzufinden sind sie nur gefangen in den Deklamationen, den taktischen Parteilichkeiten, den gebieterischen Lügen der Spiele der Macht und der Verhältnisse mit ihr.

Man wird mir sagen: da sind Sie also wieder mit Ihrer notorischen Unfähigkeit, die Linie zu übertreten, auf die andere Seite zu gehen, das von woanders oder von unten kommende Sprechen zu hören und vernehmbar zu machen; immer wieder stellen Sie sich auf die Seite der Macht und dessen, was sie sagt oder sagen macht; warum nicht hingehen und diese Leben dort hören, wo sie selber sprechen? - Aber würde uns denn von dem, was sie in ihrem besonderen Ungestüm und Unglück gewesen sind, irgend etwas bleiben, wenn sie nicht in einem bestimmten Augenblick die Macht gekreuzt hätten und deren Kräfte provoziert hätten? Ist es denn nicht einer der grundlegenden Züge unserer Gesellschaft, daß das Schicksal darin die Form des Verhältnisses zur Macht, des Kampfes mit ihr oder gegen sie annimmt? Der intensivste Punkt der Leben, wo sich ihre

Energie konzentriert, ist dort, wo sie mit der Macht zusammenstoßen, sich mit ihr auseinandersetzen, ihre Kräfte zu verwenden oder ihren Fallen zu entrinnen versuchen. Die kurzen und gellenden Worte, die zwischen der Macht und den unwesentlichen Existenzen hin und her fahren, sind für diese das einzige Monument, das man ihnen je zugestanden hat. Nur dieses die Zeit durchquerende Monument verleiht ihnen den kleinen Strahl, den kurzen Blitz, der sie bis zu uns trägt.

Ich wollte also einige Rudimente für eine Legende der obskuren Menschen zusammentragen, ausgehend von den Diskursen, die sie im Unglück oder im Toben mit der Macht austauschen.

„Legende", weil sich darin, wie in allen Legenden, eine gewisse Zweideutigkeit des Fiktiven und des Realen herstellt. Doch die Zweideutigkeit kommt hier anders herum zustande. Das Legendäre, welches immer auch sein Realitätskern ist, ist schließlich nichts anderes als die Summe dessen, was man davon sagt. Es ist indifferent gegenüber der Existenz oder Nichtexistenz dessen, dessen Glorie es überliefert. Wenn er existiert hat, so überhäuft ihn die Legende mit so vielen Wunderdingen, sie verschönert ihn mit so vielen Unmöglichkeiten, daß alles sich so abspielt oder beinahe, als ob er nie gelebt hätte. Und wenn er rein imaginär ist, so liefert die Legende über ihn so viele insistierende Berichte, daß er die geschichtliche Dichte einer existiert habenden Person annimmt. In den hier zu lesenden Texten führt sich die Existenz jener Männer und Frauen genau auf das zurück, was von ihnen gesagt worden ist; von dem, was sie gewesen sind oder was sie gemacht haben, subsistiert nichts außer in wenigen Sätzen. Es ist die Knappheit hier und nicht die Weitschweifigkeit, die macht, daß Reales und Fiktion sich gleichgelten. Nichts gewesen seiend in der Geschichte, keinerlei ansehnliche Rolle in den Ereignissen oder unter den bedeutenden Leuten gespielt habend, keine berichtenswerte Spur nach sich gezogen habend, haben sie Existenz und werden sie auf immer Existenz nur haben in der zerbrechlichen Deckung jener Wörter. Und dank den Texten, die von ihnen sprechen, gelangen sie bis zu uns, ohne mehr Realitätsindizes aufzuweisen als irgendwelche Figuren aus der *Goldenen Legende* oder aus einem Abenteuerroman.

Diese rein wörtliche Existenz, die aus diesen Unglücklichen oder Verruchten quasi fiktive Wesen macht, verdanken sie ihrem fast erschöpfenden Verschwinden und diesem Geschick oder Mißgeschick, das im Geratewohl wiedergefundener Dokumente etliche rare Wörter hat überleben lassen, die von ihnen sprechen oder die sie selber ausgesprochen haben. Schwarze Legende, aber vor allem dürre Legende, reduziert auf das, was eines Tages gesagt worden ist und was unwahrscheinliche Zusammentreffen bis zu uns bewahrt haben.

Dies ist ein anderer Zug dieser schwarzen Legende. Sie hat sich nicht so überliefert wie diejenige, die durch eine tiefe Notwendigkeit vergoldet ist und ebenen Bahnen gefolgt ist. Sie ist von Natur aus ohne Tradition. Nur durch Brüche, Auslöschung, Vergessen, Kreuzungen, Wiedererscheinungen hindurch kann sie bei uns ankommen. Der Zufall trägt sie von Anfang an. Es hat zuerst eines Spieles von Umständen bedurft, die wider alles Erwarten auf das obskurste Individuum, auf sein mittelmäßiges Leben, auf letzten Endes ordinäre Vergehen den Blick der Macht und den Strahl ihres Zorns gezogen haben: Zufall, der dazu geführt hat, daß die Wachsamkeit der Verantwortlichen oder der Institutionen, die dazu bestimmt ist jedwede Unordnung auszulöschen, diesen da anstatt jenes dort gegriffen hat, diesen anstößigen Mönch, dieses geschlagene Weib, diesen unverbesserlichen und tobenden Trunkenbold, diesen zänkischen Händler und nicht so viele andere, deren Krach nicht minder groß war. Und dann war es nötig, daß unter so vielen verlorenen und verstreuten Dokumenten eben dieses da und nicht irgendein anderes bis zu uns gelangt ist und wiedergefunden und gelesen worden ist. Zwischen jenen unwichtigen Leuten und uns, die wir nicht wichtiger sind als sie, besteht kein notwendiger Zusammenhang. Nichts machte wahrscheinlich, daß sie aus dem Schatten aufstehen, sie eher als andere, mit ihrem Leben und mit ihren Unglücken. Sehen wir darin, wenn es uns gefällt, eine Revanche: der Zufall, der es zuläßt, daß unter so vielen Toten diese absolut ruhmlosen Leute aufstehen, daß sie noch gestikulieren, daß sie immer noch ihre Wut, ihre Trübsal, oder die Hartnäckigkeit ihrer Herumtreiberei manifestieren, kompensiert vielleicht das Mißgeschick, das einst trotz ihrer Bescheidenheit und ihrer Namenlosigkeit den Blitz der Macht auf sie gezogen hatte.

Leben, die sind, als ob sie nicht existiert hätten, Leben, die nur vom Zusammenstoß mit einer Macht überleben, welche sie nur vernichten oder zumindest wegwischen wollte, Leben, die uns nur wiederkommen dank vielfältigen Zufällen - das sind die Infamien, von denen ich einige Res!e hier versammeln wollte. Es existiert eine falsche Infamie, die solchen Schreckens- oder Skandalmenschen wie Gilles de Rai, Guillerie oder Cartouche, Sade und Lacenaire zugute gekommen ist. Anscheinend infam aufgrund der abscheulichen Erinnerungen, die sie hinterlassen haben, der Untaten, die man ihnen zuspricht, des ehrerbietigen Schauers, den sie inspiriert haben, sind es doch tatsächlich Menschen der glorreichen Legende, auch wenn die Gründe dieser Bekanntheit gegensätzlich zu jenen sind, die die Größe der Menschen ausmachen oder ausmachen sollten.

Ihre Infamie ist nur eine Modalität der universalen Fama. Doch der abtrünnige Franziskaner strengster Observanz, doch die armen auf unbekannte Wege abgekommenen Geister, das sind die Infamen im strengsten Sinne. Sie existieren nur noch kraft der etlichen schrecklichen Worte, die dazu bestimmt waren, sie für immer des Gedächtnisses der Menschen unwürdig zu machen. Und der Zufall hat gewollt, daß es diese Worte sind, diese Worte allein, die weiter existieren. Ihre Wiederkehr jetzt in die Wirklichkeit vollzieht sich eben in der Form, in der man sie aus der Welt gejagt hatte. Vergeblich wäre es, ihnen ein anderes Gesicht zu suchen oder in ihnen eine andere Größe zu vermuten; sie sind nicht mehr als das, wodurch man sie niederschlagen wollte: weder mehr noch weniger. Das ist die strikte Infamie, diejenige, die weder mit zweideutigem Skandal noch mit einer stummen Bewunderung, die also mit keiner Sorte von Glorie vermischt ist.

*

Nicht die große Sammlung der Infamie, die ihre Spuren aus allen Räumen und Zeiten zusammentragen würde, liegt hier vor, sondern nur eine schmale, ein wenig monotone Auswahl. Es handelt sich um Dokumente, die fast alle aus einem Zeitraum von hundert Jahren (1660-1760) stammen und die aus einer bestimmten Quelle kommen: Internierungs- und Polizeiarchive, Bittschriften an den König und königliche Siegelbriefe. Nehmen wir an, es handelt sich um einen ersten Band, und das *Leben der infamen Menschen* wird sich auf andere Zeiten und auf andere Orte ausdehnen können.

Diese Periode und diesen Typ von Texten habe ich aufgrund einer alten Vertrautheit gewählt. Aber wenn sich der Geschmack, den ich an ihnen seit Jahren gefunden habe, noch nicht dementiert hat, und wenn ich heute immer noch darauf zurückkomme, so deswegen, weil ich darin einen Anfang vermute; jedenfalls ein bedeutsames Ereignis, in dem sich politische Mechanismen und Diskurseffekte gekreuzt haben.

Diese Texte des 17. und 18. Jahrhunderts haben (vor allem, wenn man sie mit der späteren Verwaltungs- und Polizeiplatitüde vergleicht) einen Glanz, sie offenbaren auf dem Umweg eines Satzes eine Pracht, eine Gewalt, die jedenfalls in unseren Augen die Kleinheit der Affäre oder die schändliche

Kleinlichkeit der Absichten dementiert. Die erbärmlichsten Leben sind darin mit Verwünschungen oder mit der Steigerung beschrieben, die den tragischsten zuzukommen scheint. Ein komischer Effekt stellt sich ein; es hat etwas Lächerliches, die ganze Macht der Wörter zusammenzurufen und über sie die Souveränität des Himmels und der Erde um unbedeutende Vergehen oder so gewöhnliche Unglücke herum anzurufen: „Niedergeschmettert unter dem Gewicht des äußersten Schmerzes wagt es Duchesne, Beamter, sich in demütigem und ehrerbietigen Vertrauen Eurer Majestät zu füßen zu werfen, um seine Gerechtigkeit gegen die böseste aller Frauen anzuflehen... Welche Hoffnung darf nicht der Unglückliche schöpfen, der zutiefst erniedrigt heute bei Eurer Majestät Zuflucht sucht, nachdem er alle Wege der Milde, der Ermahnungen und der Behutsamkeit ausgeschöpft hat, um eine Frau zu ihrer Pflicht zurückzuführen, die keinerlei Gefühl für Religion, Ehre, Rechtschaffenheit und selbst Menschlichkeit hat? In diesem Zustand, allergnädigster Herr, befindet sich der Unglückliche, der seine klagende Stimme vor Eurer Majestät zu erheben wagt.“ Oder jene verlassene Amme, die die Festsetzung ihres Gemahls im

Namen ihrer vier Kinder verlangt, „die von ihrem Vater wohl nichts zu erwarten haben als ein fürchterliches Exempel der Wirkungen der Unordnung. Eure Gerechtigkeit, Herr, wird ihnen eine so entehrende Belehrung ersparen, mir aber und meiner Familie die Schmach und die Infamie, und sie wird einen bösen Bürger, der der Gesellschaft nur schaden kann, außerstand setzen, ihr ein Leid anzutun." Man wird vielleicht lachen; aber man darf nicht vergessen: dieser Rhetorik, die großsprecherisch nur gegenüber der Geringfügigkeit der Sachen ist, auf die sie sich bezieht, antwortet die Macht in Ausdrücken, die uns kaum gemessener erscheinen; allerdings mit dem Unterschied, daß in ihren Wörtern der Blitz ihrer Entscheidungen durchfährt; und ihre Feierlichkeit kann sich wenn schon nicht von der Bedeutsamkeit des Bestraften so doch von der Strenge der auferlegten Bestrafung her autorisieren. Man sperrt irgendeine Kartenlegerin ein, weil es „wenig Verbrechen gibt, die sie nicht begangen hat, und keines, dessen sie nicht fähig wäre. Auch ist es nicht minder Liebe als Gerechtigkeit, die Öffentlichkeit unverzüglich von einem so gefährlichen Weib zu befreien, das sie bestiehlt, betrügt und seit so vielen Jahren ungestraft

Anstoß erregt". Oder über einen jungen Strolch und Gassenbuben: „Es ist ein Monster von Libertinage und Gottlosigkeit... Wohl gewöhnt an alle Laster: spitzbübisch, unbelehrbar, ungestüm, gewaltsam, seinem eigenen Vater in bewußter Absicht nach dem Leben zu trachten imstande... immerzu in Gesellschaft mit Weibern der letzten Hurerei. Alles was man ihm von seinen Gaunereien und Liederlichkeiten vorhält, macht überhaupt keinen Eindruck auf sein Herz; er antwortet darauf nur mit dem Lachen des Ruchlosen, welches seine Verhärtung erkennen läßt und nur zu lernen gibt, daß er unverbesserlich ist." Beim geringsten Streich ist man schon im Abscheulichen oder zumindest im Diskurs der Schmähung und der Verwünschung. Diese Frauen ohne Sitten und diese ungebärdigen Kinder verblassen nicht neben Nero oder Rodogune. Der Diskurs der Macht im klassischen Zeitalter, wie auch der Diskurs, der sich an ihn wendet, erzeugt Ungeheuer. Warum dieses so emphatische Theater des Alltäglichen?

Der Zugriff der Macht auf das Gewöhnliche des Lebens war vom Christentum zu einem großen Teil um die Beichte herum organisiert worden: Verpflichtung, regelmäßig die winzige Welt aller Tage über den Faden der Sprache passieren zu lassen, die banalen Fehler, die kaum wahrnehmbaren Verfehlungen bis hinein ins wirre Spiel der Gedanken, der Absichten und der Begierden; Geständnisritual, wo derjenige, der spricht, gleichzeitig derjenige ist, von dem man spricht; Auslöschen der gesagten Sache durch ihr Aussagen selbst, aber auch Annullierung des Geständnisses selbst, das geheim bleiben muß und hinter sich keine andere Spur lassen darf als die Reue und die Werke der Buße. Das christliche Abendland hat diesen erstaunlichen Zwang erfunden und einem jeden auferlegt, alles zu sagen, um alles auszulöschen, auch noch die geringsten Fehler in einem ununterbrochenen, erbitterten, erschöpfenden Murmeln zu formulieren, dem nichts entwischen durfte, das aber auch nicht einen Augenblick sich selber überleben durfte. Für Hunderte von Millionen von Menschen und durch Jahrhunderte hindurch hat das Böse sich in der ersten Person gestehen müssen, in einem obligatorischen und flüchtigen Flüstern.

Etwa vom Ende des 17. Jahrhunderts an findet sich dieser Mechanismus von einem anderen eingerahmt und überragt, dessen Funktionieren sehr unterschiedlich war. Es war dies eine administrative und nicht mehr religiöse Einrichtung; ein Mechanismus der Registrierung und nicht mehr der Verzeihung. Das anvisierte Ziel war indessen dasselbe. Zumindest zum Teil: Diskursivierung des Alltäglichen, Durchquerung des winzigen Universums der Unregelmäßigkeiten und unbedeutenden Verfehlungen. Aber das Geständnis spielt darin nicht die eminente Rolle, die das Christentum ihm vorbehalten hatte. Für diese Durchkämmung übernimmt man, und zwar systematisch, alte Verfahren, die bis dahin lokal eingesetzt waren: die Denunzierung, die Klage, die Untersuchung, das Gutachten, die Bespitzelung, das Verhör. Und alles, was derart gesagt wird, wird schriftlich registriert, akkumuliert sich, konstitutiert Dossiers und Archive. Die einzige, augenblickliche und spurlose Stimme des Beichtgeständnisses, die das Übel auswischte, indem sie sich selber wegwischte, wird nun von vielerlei Stimmen abgelöst, die sich in einer enormen Dokumentenmasse niederschlagen und so durch die Zeit hindurch so etwas wie das ohne Unterlaß wachsende Gedächtnis aller Übel der Welt konstituieren. Das winzige Übel des

Elends und der Schuld wird nicht mehr durch die kaum hörbare Vertraulichkeit des Geständnisses zum Himmel geschickt; es häuft sich in der Form geschriebener Spuren auf der Erde an. Es etabliert sich ein ganz anderer Typ von Beziehungen zwischen der Macht, dem Diskurs und dem Alltag, eine ganz andere Weise, diesen zu regieren und ihn zu formulieren. Es entsteht für das gewöhnliche Leben eine neue Regie.

Ihre ersten archaischen und doch schon komplexen Instrumente sind bekannt: es sind die Bittschriften, die Siegelbriefe oder Ordern des Königs, die verschiedenen Internierungen, die Berichte und Entscheidungen der Polizei. Auf diese bekannten Dinge will ich nicht mehr eingehen; nur auf einige Aspekte, die von der seltsamen Intensität und einer Art Schönheit Rechenschaft ablegen mögen, welche gelegentlich jene eiligen Bilder anlegen, in denen arme Menschen für unsere entfernte Wahrnehmung das Gesicht der Infamie angenommen haben. Der Siegelbrief, die Internierung, die verallgemeinerte Präsenz der Polizei, all das läßt häufig nur an den Despotismus eines absoluten Monarchen denken. Doch muß man sehen, daß diese Willkür eine Art öffentlicher Dienst war. Die „Ordern des Königs“ fuhren nicht unvorhergesehen als Zeichen des Zorns des Monarchen von oben hernieder, es sei denn in seltenen Fällen. Zumeist waren sie gegen jemanden von seiner Umgebung, von seinem Vater oder seiner Mutter, einem seiner Verwandten, seiner Familie, seinen Söhnen und Töchtern, seinen Nachbarn, manchmal dem Pfarrer des Ortes oder sonst einer angesehenen Person beantragt. Als ob es sich um irgendein großes Verbrechen handelte, das den Zorn des Souveräns verdient hat, stellte man die Anträge wegen irgendeiner obskuren Familiengeschichte: geschmähte oder geschlagene Gatten, verschleudertes Vermögen, Interessenkonflikte, unbelehrbare junge Leute, Gaunereien oder Saufereien und was es sonst an Verfehlungen gibt. Der Siegelbrief, der als ausdrücklicher und besonderer Wille des Königs auftrat, einen seiner Untertanen verhaften zu lassen und zwar außerhalb der Bahnen der regulären Justiz, war nur die Antwort auf die von unten kommende Forderung. Doch wurde er nicht auf jeden Antrag hin erlassen; eine Untersuchung mußte ihm vorausgehen, um über die Wohlbegründetheit des Antrags zu urteilen; sie mußte feststellen, ob diese Ausschweifung oder jene Trunksucht, diese Gewalttätigkeit oder jene Liederlichkeit wirklich eine Internierung verdiente, und unter welchen Bedingungen und für wieviel Zeit. Das war die Aufgabe der Polizei, die hierfür Zeugen, Spitzel und das ganze zweifelhafte Gemurmel sammelte, das jeden wie eine Wolke umgibt.

Das System aus Siegelbrief und Einsperrung war nur eine ziemlich kurze Episode: kaum länger als ein Jahrhunderet und auf Frankreich beschränkt. Gleichwohl hat es seine Bedeutung in der Geschichte der Mechanismen der Macht. Und zwar bringt es nicht den spontanen Einbruch der königlichen Willkür, sondern eher deren Aufteilung in komplexe Bahnen und in ein Spiel von Ansprüchen und Antworten. Mißbrauch des Absolutismus? Vielleicht. Doch nicht in dem Sinne, daß der Monarch seine eigene Macht schlicht und einfach mißbraucht, sondern in dem Sinne, daß ein jeder die Enormität der absoluten Macht für sich, zu seinen eigenen Zwecken und gegen die anderen verwenden kann; die Mechanismen der Souveränität stehen jedem zur Verfügung; jeder, der geschickt genug ist, kann ihre Effekte zu seinen Gunsten verwenden. Daraus ergeben sich einige Konsequenzen: die politische Souveränität läßt sich auf das elementarste Niveau des Gesellschaftskörpers herab; von Untertan zu Unteran - und es handelt sich manchmal um die niedrigsten, unter den Mitgliedern ein und derselben Familie, innerhalb von Nachbarschafts-, Interessen-, Berufs-, Rivalitäts-, Haß- und Liebesbeziehungen kann man außer den traditionellen Autoritäts- und Gehorsamswaffen auch das Instrumentarium einer politischen Macht zu Geltung bringen, die die Form des Absolutismus hat; jeder kann, wenn er das Spiel zu spielen weiß, für den anderen ein schrecklicher und übergesetzlicher Monarch werden: *homo homini rex*; eine ganze Kette der Politik überkreuzt sich mit dem Einschub des Alltäglichen. Aber diese Macht muß man sich wenigstens für einen Augenblick aneignen, man muß sie kanalisieren, erschleichen und in die gewünschte Richtung leiten; man muß sie, um sie für sich ausnützen zu können, „verführen"; sie wird gleichzeitig als Objekt von Begehrlichkeit und das Objekt von Verführung; sie wird also ansehnlich und dies in dem Maße, in dem sie fürchterlich ist. Die Intervention einer unbegrenzten politischen Macht in die Verhältnisse des Alltags wird also nicht nur annehmbar und vertraut, sondern zutiefst gewünscht und gleichzeitig und aus demselben Grund auch allgemein gefürchtet. Dieser Hang hat allmählich die taditionellen an die Familie gebundenen Zugehörigkeits- und Abhängigkeitsverhältnisse auf die administrativen und politischen Kontrollen hin geöffnet. Und so muß man sich auch darüber nicht wundern, daß die maßlose Macht des Königs, die derart inmitten der Leidenschaften, der Rasereien, der Elende und der Gemeinheiten funktioniert hat, trotz oder vielmehr wegen ihrer Nützlichkeit, zu einem Gegenstand der Verabscheuung werden konnte. Diejenigen, die die Siegelbriefe einsetzten, und der König, der sie erließ, wurden Opfer ihrer Komplizenschaft: erstere haben ihre traditionelle Autorität mehr und mehr zugunsten einer administrativen Macht verloren; und der König, der jeden Tag in soviel Haß und Intrige verwickelt war, ist hassenswert geworden. Ich glaube, der Herzog von Chaulieu hat in den *Mémoires de deux jeunes mariés* gesagt, daß die Französische Revolution, indem sie dem König den Kopf abgeschnitten hat, alle Familienväter enthauptet hat.

Von alledem möchte ich für den Augenblick dies festhalten: mit dem Dispositiv der Bittschriften, der Siegelbriefe, der Internierung, der Polizei entsteht eine Unendlichkeit von Diskursen, die den Alltag in allen Richtungen durchquert und das winzige Übel der gewöhnlichen Leben in Regie nimmt - aber nicht in der Weise des Geständnisses. In den Netzen der Macht, in ihren komplexen Bahnen, beginnen sich die Dispute der Nachbarschaft, die Klagen der Eltern und der Kinder, die Mißverständnisse des Ehelebens, die Exzesse des Weines und des Geschlechts, die öffentlichen Streitereien und vielerlei geheime Leidenschaften zu verfangen. Es gibt da so etwas wie einen unermeßlichen und allgegenwärtigen Appell zur Diskursivierung all dieser Aufregungen und eines jeden dieser kleinen Leiden. Ein Gemurmel beginnt sich zu erheben und wird nicht zur Ruhe kommen; in ihm werden die individuellen Variationen der Lebensführung, ihre Schanden und Geheimnisse durch den Diskurs dem Zugriff der Macht dargeboten. Das Beiläufige hört auf, dem Schweigen zu gehören,dem vorübergehenden Gerücht oder dem flüchtigen Geständnis. All diese Dinge, die das Gewöhnliche, das unwichtige Detail, das

Dunkle, die ruhmlosen Tage, das gemeine Leben ausmachen, können und dürfen gesagt - besser noch geschrieben werden. Sie sind beschreibbar und abschreibbar geworden, in dem Maße, in dem sie von den Mechanismen einer politischen Macht durchquert werden. Lange Zeit waren nur die Gesten der Großen würdig, ohne Spott gesagt zu werden; allein das Blut, die Geburt und die Heldentat gaben ein Recht auf Geschichte. Und wenn es geschah, daß manchmal die Niedrigsten zu einer Art Ruhm gelangetn, so war es aufgrund einer außerordentlichen Tatsache: aufgrund des Glanzes einer Heiligkeit oder der Enormität einer Untat. Daß in der Ordnung aller Tage so etwas wie ein Geheimnis zu heben sein könnte, daß das Unwesentliche bedeutsam sein könnte, das blieb ausgeschlossen bis zu dem Tage, als der weiße Blick der Macht über jenen winzigen Turbulenzen aufging.

Geburt einer unermeßlichen Diskursmöglichkeit. Ein gewisses Wissen vom Alltäglichen hat da einen Teil seines Ursprunges und mit ihm ein Erkenntnisraster, das das Abendland über unseren Gesten, über unseren Seins- und Tunsweisen installiert hat. Aber es hat dazu der gleichzeitig realen und virtuellen Allgegenwart des Monarchen bedurft; man mußte ihn sehr nahe all jenen Elenden imaginieren, sehr aufmerksam gegenüber dem geringsten jener Vergehen, um ihn zu bemühen; es war notwendig, daß er selber mit einer Art physischen Ubiquität ausgestattet erschien. In seiner ersten Form war dieser Diskurs über das Alltägliche gänzlich auf den König ausgerichtet; er wandte sich an ihn; er hatte sich in die großen Zeremonien der Macht einzufügen; ihre Form hatte er anzunehmen und mit ihren Zeichen sich zu bekleiden. Das Banale konnte nur gesagt, geschrieben, beschrieben, beobachtet, durchkämmt und qualifiziert werden in einem Machtverhältnis, in dem die Figur des Königs umging - seine wirkliche Macht und das Phantasma seiner Mächtigkeit. Daher die einzigartige Form jenes Diskurses: er erforderte eine verzierende, verwünschende oder bittflehende Sprache. Eine jede jener kleinen alltäglichen Geschichten mußte mit der Emphase der seltenen Ereignisse gesagt werden, die würdig sind, die Aufmerksamkeit der Monarchen auf sich zu ziehen; die große Rhetorik mußte jene nichtigen Affären umkleiden. Weder die Polizeiakten noch die Dossiers der Medizin oder

der Psychiatrie sollten später jemals ähnliche Spracheffekte erreichen. Gelegentlich ein aufwendiges Wortgebäude, um eine obskure Gemeinheit oder eine kleine Intrige zu erzählen; manchmal einige kurze Sätze, die einen Elenden niederschmettern und ihn in seine Nacht hinuntertauchen; oder die lange Schilderung von Unglücken, erzählt in der Art des Bittflehens und der Demut: der politische Diskurs der Banalität konnte nur feierlich sein.

Aber es produziert sich in jenen Texten auch ein anderer Effekt von Disparatheit. Oft kam es vor, daß die Internierungsersuchen von kleinen Leuten gestellt wurden, kaum oder nicht alphabetisiert; sie selber mit ihren bescheidenen Kenntnissen oder an ihrer Stelle ein mehr oder weniger kundiger Schreiber verfaßten, so gut sie konnten, die Formeln und Satzwendungen, die sie für angemessen hielten, wenn man sich an den König oder an die Großen richtete, und sie vermischten sie mit den ungeschickten und gewaltsamen Ausdrücken, mit den volkstümlichen Formulierungen, mit denen sie ihren Bitten mehr Kraft und Wahrheit zu geben gedachten; in die feierlichen und gestelzten Sätze, neben gekünstelte Wörter hüpfen rohe, ungeschickte, mißtönende Ausdrücke; in die obligatorische und rituelle Sprache mischen sich Ungeduld, Zorn, Wut, Leidenschaft, Groll, Revolte. Wilde Beben und Intensitäten erschüttern die Regeln dieses geschraubten Diskurses und machen sich mit ihren eigenen Redensarten Luft. So spricht die Frau von Nicolas Bienfait: sie „nimmt sich die Freiheit, sehr ergeben dem Herrn darzustellen, daß der genannte Nicolas Bienfait, Kutscher, ein ganz verwilderter Mensch ist, der sie mit Schlägen tötet, und der alles verkauft, nachdem er seine zwei Frauen schon zu Tode gebracht hat, deren erster er das Kind im Leibe getötet hat, die zweite nachdem er verkauft und gegessen hatte, hat er durch seine üblen Behandlungen schmachtend sterben lassen, bis er sie vor ihrem Tode erdrosseln wollte... Die dritte, der will er das Herz auf dem Rost essen ohne viele andere Morde, die er begangen; mein Herr, ich werfe mich Euer Durchlaucht zu Füßen, um Euer Gnaden anzuflehen. Ich hoffe von eurer Güte, daß ihr mir Gerechtigkeit gewähret, da mein Leben in jedem Augenblick bedroht ist, werde ich nicht aufhören, den Herrn für die Erhaltung eurer Gesundheit zu bitten...“.

Die Dokumente, die ich hier versammelt habe, sind homogen; und sie laufen Gefahr, monoton zu erscheinen. Indessen funktionieren sie alle im Modus der Disparatheit. Disparatheit zwischen den erzählten Dingen und der Weise, sie zu sagen; Disparatheit zwischen denen, die sich beklagen und die flehen, und denen, die über sie alle Macht haben; Disparatheit zwischen der Winzigkeit der aufgeworfenen Probleme und der Enormität der aufgebotenen Macht; Disparatheit zwischen der Sprache der Zeremonie und der Macht und der Sprache der Rasereien und der Ohnmächte. Es sind Texte, die zu Racine oder Bossuet oder Crébillon hinüberschauen; doch enthalten sie soviel Volksausgelassenheit, soviel Elend und Gewaltsamkeit, soviel Gemeinheit, wie keine Literatur damals hätte aufnehmen können. Sie lassen Strolche, arme Leute oder einfach niedriges Volk auf einem seltsamen Theater auftreten, wo sie Posituren einnehmen, Wörtersalven abfeuern, große Reden führen, wo sie Fetzen von Gewandung anlegen, damit man ihnen auf der Bühne der Macht Aufmerksamkeit schenkt. Gelegentlich erinnern sie an eine armselige Gauklertruppe, die sich mehr schlecht als recht, mit einigem früher einmal kostbaren Flitter ausstaffiert hat, um vor einem Publikum von Reichen zu spielen, das sich über sie lustig macht. Mit dem Unterschied allerdings, daß sie ihr eigenes Leben spielen, und zwar vor Mächtigen, die darüber entscheiden können. Figuren aus Céline, die sich in Versailles Gehör verschaffen wollen.

Der Tag sollte kommen, da all dieses Disparate verwischt sein wird. Die auf dem Niveau des Alltags ausgeübte Macht wird nicht mehr die eines Monarchen sein, der nahe ist und fern, allmächtig und launenhaft, Quelle aller Gerechtigkeit und Gegenstand beliebiger Verführung, politisches Prinzip und zugleich magische Mächtigkeit. Die Macht wird aus einem feinen, differenzierten, kontinuierlichen Netz bestehen, in dem sich die unterschiedlichen Institutionen der Justiz, der Polizei, der Medizin, der Psychiatrie in die Hände arbeiten. Und der Diskurs, der sich dann bilden sollte, wird nicht mehr die alte künstliche und ungeschickte Theatralität haben; er wird sich in einer Sprache entwickeln, die die Sprache der Beobachtung und der Neutralität zu sein beansprucht. Das Banale wird seine Analyse im wirksamen aber grauen Raster der Verwaltung, des Journalismus und der Wissenschaft finden; es sei denn, man sucht seine Glanzlichter etwas abseits, in der Literatur. Im 17. und im 18. Jahrhundert ist man noch in dem rauhen und barbarischen Zeitalter, wo alle diese Vermittlungen nicht existieren; der Körper der Elenden ist fast unmittelbar mit dem des Königs konfrontiert, ihre Aufgeregtheit mit seinen Zeremonien; es gibt auch keine gemeinsame Sprache, sondern einen Zusammenstoß zwischen den Schreien und den Ritualen, zwischen den Verfehlungen, die man sagen will, und der Strenge der Formen, die man befolgen muß. Da wir aus der Ferne jenes erste Einfließen des Alltäglichen in den Code des Politischen betrachten, sehen wir darin befremdende Blitzschläge, etwas Schreiendes und Intensives - das sich in der Folge verlieren wird, wenn man aus diesen Dingen und aus diesen Menschen „Affären“ und „Fälle“ machen wird.

*

Es ist ein bedeutsamer Moment, in dem eine Gesellschaft der anonymen Masse der Leute Wörter, Wendungen und Sätze, Sprachrituale zur Verfügung gestellt hat, damit sie von sich selber sprechen können - öffentlich und unter der dreifachen Bedingung, daß dieser Diskurs in einem wohldefinierten Machtdispositiv adressiert und in Umlauf gebracht werde, daß er den bis dahin kaum wahrnehmbaren Bodensatz der Existenzen erscheinen lasse und daß er ausgehend von diesem Kleinkrieg der Passionen und der Interessen der Macht die Möglichkeit zu einem souveränen Eingriff gebe. Das Ohr des Dionysios war eine kleine und recht elementare Maschine, vergleicht man sie mit dieser hier. Wie leichtgewichtig und wie leicht zu schleifen wäre die Macht, täte sie nichts als überwachen, belauschen, überraschen, verbieten und strafen; doch sie reizt, provoziert, produziert; sie ist nicht einfach Auge und Ohr; sie macht handeln und sprechen.

Diese Maschinereie war zweifellos wichtig für die Konstituierung neuer Wissen, aber auch einem neuen Regime der Literatur ist sie nicht fremd. Ich will nicht sagen, daß der königliche Siegelbrief am Ursprung neuer Literaturformen steht, sondern daß an der Wende vom 17. zum 18. Jahrhundert die Verhältnisse zwischen dem Diskurs, der Macht, dem

Alltagsleben und der Wahrheit neu geknüpft worden sind und daß darein auch die Literatur verwickelt war.

Die Fabel ist nach dem Sinn des Wortes dasjenige, was gesagt zu werden verdient. Lange Zeit konnte in der abendländischen Gesellschaft das Leben aller Tage nur dann in den Diskurs eingehen, wenn es vom Faeblhaften durchzogen und überhöht war; es mußte durch das Heldentum, die Großtat, die Abenteuer, die Vorsehung und die Gnade, eventuell die Untat, aus sich selber herausgerissen sein; es mußte mit einem Mal von Unmöglichkeit gezeichnet sein. Damit erst wurde es sagbar. Was es unzugänglich machte, ließ es als Lehre und Vorbild funktionieren. Je mehr die Erzählung über das Gewöhnliche hinausging, um so mehr hatte sie Kraft zum Verzaubern oder Überzeugen. In diesem Spiel des „Fabelhaft-Beispielhaften“ war die Indifferenz gegenüber dem Wahren und dem Falschen demnach grundlegend. Und wenn es schon vorkam, daß man es unternahm, die Mittelmäßigkeit des Wirklichen um ihrer selbst willen zu sagen, so konnte man damit kaum mehr als einen Streich spielen wollen: die bloße Tatsache, davon zu sprechen, machte lachen.

Seit dem 17. Jahrhundert hat das Abendland eine ganze „Fabel“ des obskuren Lebens entstehen sehen, aus der das Fabelhafte verbannt war. Das Unmögliche oder das Lächerliche haben aufgehört, die Bedingung zu sein, unter der man das Gewöhnliche erzählen konnte. Es entsteht eine Kunst des Sprechens, deren Aufgabe nicht mehr ist, vom Unwahrscheinlichen zu singen, sondern das erscheinen zu lassen, was nicht erscheint - nicht erscheinen kann oder darf: die letzten und unscheinbarsten Stufen des Wirklichen zu sagen. Sobald man ein Zwangsdispositiv zum Sagen des Niedrigsten, des Unsäglichen, des gänzlich Unrühmlichen, des „Infimen“, des „Infamen“ also installiert, formiert sich ein neuer Imperativ, der die immanente Ethik des literarischen Diskurses des Abendlandes bilden sollte: seine zeremoniellen Funktionen sollten sich allmählich verwischen; er sollte nicht mehr die Aufgabe haben, den überhellen Glanz der Gestalt, der Gnade, des Heldentums, der Mächtigkeit sinnlich zu manifestieren; sondern hinzugehen und zu suchen, was am schwierigsten wahrzunehmen ist, was am tiefsten verborgen ist, was am unbequemsten zu sagen und zu zeigen ist, schließlich was am meisten untersagt und anstößig ist. Eine Art Einschärfung, den nächtlichsten und den alltäglichsten Teil der Existenz aufzuscheuchen (sei es auch um darin gelegentlich die feierlichen Figuren des Schicksals aufzudecken) zeichnet die Neigungslinie der Literatur seit dem 17. Jahrhundert - seit sie eben Literatur im modernen Sinn des Wortes zu sein begonnen hat. Mehr als eine spezifische Form, mehr als ein wesentliches Verhältnis zur Form ist es dieser Zwang, ich sagte diese Moral, die sie charakterisiert und ihre unermeßliche Bewegung bis zu uns getragen hat: Pflicht, die gemeinsten der Geheimnisse zu sagen. Die Literatur faßt nicht in sich allein diese große Diskurspolitik, diese große Diskursethik zusammen; sie erschöpft sich auch nicht zur Gänze darin; aber sie hat darin ihren Ort und ihre Existenzbedingungen.

Daher ihr doppelter Bezug zur Wahrheit und zur Macht. Während das Fabelhafte nur in einer Unentschiedenheit zwischen wahr und falsch funktionieren kann, begründet sich die Literatur in einer Entscheidung zur Nicht-Wahrheit: sie gibt sich ausdrücklich als Künstliches, verpflichtet sich aber, Wahrheitseffekte zu produzieren, die als solche erkennbar sind;

die Bedeutung, die man im Zeitalter der Klassik dem Natürlichen und der Nachahmung beigemessen hat, ist zweifellos eine der ersten Formulierungen dafür, daß die Literatur „in Wahrheit" zu funktionieren hat. Die Fiktion hat seitdem das Fabelhafte ersetzt, der Roman löst sich vom Abenteuerlichen und entwikkelt sich nur in der immer vollständigeren Lösung weiter. Die Literatur gehört also zu diesem großen Zwangssystem, durch welches das Abendland den Alltag verpflichtet hat, in Diskurs zu gehen; doch nimmt sie darin einen besonderen Platz ein; begierig, das Alltägliche unterhalb des Alltäglichen zu suchen, die Grenzen zu übertreten, gewaltsam oder hinterhältig die Geheimnisse zu heben, die Regeln und die Codes zu verschieben, das Uneingestehliche sagen zu machen, sucht sie also, sich außerhalb des Gesetzes zu stellen oder zumindest die Bürde des Skandals, der Überschreitung oder der Revolte auf sich zu nehmen. Mehr als jede andere Form der Sprache bleibt sie der Diskurs der „Infamie": Ihr obliegt es, das Unsagbarste zu sagen, das Übelste, das Geheimste, das Unerträglichste, das Unverschämte. Die Faszination, welche Psychoanalyse und Literatur seit Jahren aufeinander ausüben, ist über diesen Punkt vielsagend. Aber man muß nicht vergessen, daß diese besondere Stellung der Literatur nur der Effekt eines bestimmten Machtdispositivs ist, das im Abendland die Ökonomie der Diskurse und die Strategien des Wahren durchzieht.

Ich wollte, wie ich eingangs meinte, daß man diese Texte auch wie Novellen lese. Das war gewiß zuviel gesagt; keiner dieser Texte wiegt die geringste Erzählung von Tschechow, Maupassant oder James auf. Es handelt sich weder um Quasi- noch um Subliteratur; es ist auch nicht die Vorform einer Gattung; es ist in der Unordnung, im Lärm und in der Pein die Arbeit der Macht an den Leben und der daraus hervorgehende Diskurs. *Manon Lescaut* erzählt eine Geschichte wie die hier.

Nachwort von Walter Seitter

Eine Forschungslinie

Der Text *La vie des hommes infâmes*[1] erschien im Januar 1977 in *Les Cahiers du Chemin* 29 eigentlich als Vorabdruck. Er sollte die Einleitung zu einem Buch bilden, von dem im ersten Satz gesprochen wird und das unter dem gleichen Titel Dokumente aus dem französischen Internierungswesen des 17. und 18. Jahrhunderts versammeln sollte. Zu diesem Buch kam es dann nicht. Trotzdem ist der Essay - im Verhältnis zum Werk Foucaults - kein verlorener Blindgänger. In verwandelter Form ist aus dem Buchprojekt dann doch etwas geworden. Zunächst eine Bücherreihe mit dem Titel *Les vies parallèles*, die es nur auf zwei Publikationen brachte: das von Foucault herausgegebene Dossier um die Erinnerungen eines Hermaphroditen des 19. Jahrhunderts *Herculine Barbin dite Alexina B* (Paris 1978)[2] sowie die von Jean-Paul und Paul-Ursin Dumont herausgegebene Publikation *Le cercle amoureux d'Henri Le Grand* (Paris 1979). Nicht in dieser Reihe sondern in der von Pierre Nora und Jacques Revel seit langem organisierten Reihe *Collection Archives* brachte schließlich Foucault - zusammen mit Arlette Farge - seine Dokumentensammlung heraus: *Le désordre des familles. Lettres de chachet des Archives de la Bastille au XVIIIe siècle* (Paris 1982).[3] Die Sammlung beschränkt sich „inhaltlich" auf Internierungsfälle, die von Familienmitgliedern gegen Familienmitglieder betrieben worden sind und mit dieser mikropolitischen Spezialisierung hängt auch der Umstand zusammen, daß die Dokumente nicht die königlichen Siegelbriefe bzw. Ordern enthält sondern so gut wie ausschließlich die von Ehegatten beziehungsweise Eltern eingebrachten Anträge auf Festsetzung der Ehegatten beziehungsweise Kinder. Diese flehentlich-inbrünstigen Bittschreiben sprechen eine andere Sprache als etwa die beiden lakonischen Protokolle, die der vorliegende Text eingangs zitiert. Wir müssen also annehmen, daß Foucaults Dokumentensammlung wesentlich umfangreicher war als die Anthologie, die er mit Arlette Farge herausgab (die sich noch dazu auf den Zeitraum von 1728 bis 1758 beschränkt).

Wir dürfen dies umso mehr annehmen, als

Foucaults Materialsammlung auf eine langjährige und intensive Arbeit in den einschlägigen Archiven zurückging. Auf die Arbeit nämlich, aus der 1961 sein Buch zur Geschichte des Wahnsinns hervorgegangen war, in welcher ja die „große Einsperrung" einen entscheidenden Moment darstellt.[4] Bereits damals dachte Foucault daran, seine Materialien in der schon genannten *Collection Archives* herauszubringen. In dieser Reihe publizierte er sodann ein umfangreiches Dossier um das Memoire des Muttermörders Pierre Rivière.[5] Weitere Forschungen in den Niederungen bei den Menschen führten dann auch noch zum Buch über die Haftstrafe und die Disziplinierungsmechanismen[6] und ungefähr gleichzeitig zur Vorlesung über die Abnormen.[7]

Diese bibliographischen Daten verweisen auf einen Zeitraum von über zwanzig Jahren, in welchem Foucault sich intensiv mit Dokumenten oder wie er sagt mit „Monumenten" von diskriminierten, marginalisierten, zum Schweigen gebrachten, verstoßenen und gefallenen, lächerlichen oder abstoßenden, oft auch für sie selber unerträglichen Menschenleben beschäftigt hat. Die Hartnäckigkeit dieser Zuwendung ist ein massives Faktum, das zunächst einmal ins Auge springt - bevor man es vielleicht deuten oder gar erklären mag.

Der Kommentar, den mir dieses Faktum aufnötigt, besteht zunächst einmal in der Frage, wie es sich denn mit dem Nietzscheanismus verträgt, zu dem sich Foucault immer wieder bekannt hat.[8] Wenn Nietzsche die Menschentypen benennt, die er verachtet und deren Erhaltung und Tröstung er den bisherigen Religionen, insonderheit dem Judentum und dem Christentum, vorwirft, ja deren „schonungslose Vernichtung" er immer wieder fordert, dann nennt er die „Armen", die „Niedrigen", die „Niedergetretenen", die „Elenden", die „Mißratenen", die „Schlechtweggekommenen", die „Leidenden", die „Kranken", die „Unterdrückten", die „Verzweifelnden", die „Entartenden", die „Parasitischen".[9] Indem Nietzsche die Vernichtung der Schwachen zum Programm gemacht hat, hat er keineswegs etwas Neues erfunden. Er hat etwas zum Programm erhoben, was gelegentlich als absichtliche Strategie, oft genug als in Kauf genommene Wirkung und unabsehbar als stummes Geschehen den Lauf der Dinge mitbestimmt.

Ich will Nietzsches Denken nicht auf diesen brutalen Sozialdarwinismus reduzieren. Aber daß Foucault sich in schroffem Gegensatz zu einer derartigen Denkungsart befindet, liegt offen zutage und zwar vor allem in der Forschungslinie, die vom Text über die infamen Menschen emblematisch vorgeführt wird. Dabei kommt es mir jetzt gar nicht darauf an, Foucault in einen plakativen moralischen Gegensatz zu Nietzsche und etwa auf die Seite des Mitleids oder des Christentums zu rücken. Diese Fragen lasse ich offen.

Seine Zuwendung zu den niedrigen und fast nichtigen Existenzen möchte ich zunächst einem puren Erkenntnisinteresse zuordnen, das ich als fundamental-ontologisch bezeichne: Erkenntnis der Wirklichkeit dort, wo sie als Winzigkeit sich dem Verschwinden nähert, wo sie im Kampf zwischen den Wirklichkeiten ins Verschwinden gestoßen wird - aber da sich gerade doch noch auf der Seite der Wirklichkeit halten kann.

Die epistemologische Präferenz für das Hin und Her zwischen Erscheinen und Verschwinden, für die

Zonen des Unscheinbaren und somit für Mikrophysik und Minimalontologie ist die zentrale methodenpolitische Option von Foucault - weshalb sie denn auch in der *Archäologie des Wissens* zur Definition des einschlägigen Formalobjekts - der Aussage - artikuliert und herangezogen wird.[10]

Es handelt sich um die Erkenntniseinstellung, die Foucault im vorliegenden Text selber der modernen Literatur unterstellt - und zwar im Gefolge der ebenfalls modernen polizeilichen, psychiatrischen usw. Detektivleidenschaft.

Der mikroskopische und vor keiner Niedrigkeit zurückschreckende Erkenntniswille war auch eine Facette, die Foucault in Nietzsche zu erblicken meinte.[11] Die andere Nietzsche-Facette, die ihn faszinierte, war ein von hohem lyrischem Ton getragener Wille zur Größe. Die beiden Aspekte komponieren sich bei Nietzsche zu einem hetererodoxen, ketzerischen, befremdenden Gesicht, in dem Foucault sich wiederzuerkennen meinte. Und sie finden sich auch bei ihm selber - aber ohne die autistische Einengung und Zuspitzung, die bei Nietzsche schließlich zum lärmend-lauten Selbstporträt des *Ecce homo* führt und dann geradewegs ins Verstummen kippt.[12]

Von der Literatur

In den Sechziger- und frühen Siebzigerjahren hat Foucault eine größere Anzahl von Aufsätzen und Rezensionen zur Literatur und zu literarischen Werken veröffentlicht.[13] Er schrieb sogar ein ganzes Buch zum Werk eines dem Surrealismus nahestehenden Dichters: *Raymond Roussel* (Paris 1963).[14] Von diesem Buch, das gleichzeitig mit der *Geburt der Klinik* erschien, sagte Pierre Macherey erstaunlicherweise, es sei das einzige „Philosophie-Buch" Foucaults. Tatsächlich „identifiziert" sich darin Foucault mit dem Werk Roussels so sehr, daß seine Analyse so wirkt, als wäre sie eine Abhandlung über die Dinge, die Sprache, den Menschen, kurzum: die Welt. Foucaults Interesse für die Literatur nahm seinen Ausgang vom Schreiben zeitgenössischer, lebender Schriftsteller: sowohl von Autoren wie Bataille, Klossowski oder Blanchot. Aber auch von jüngeren d. h. gleichjungen Autoren, die häufig dem Nouveau Roman nahestanden. An ihnen konnte er sehen, wie „man" überhaupt „noch" schreiben konnte - obwohl doch alles schon gesagt schien und obwohl auch das Getue um die Genialität des Autors nicht mehr selbstverständlich war. Seine Wahrnehmung der Literatur stand daher derjenigen von Roland Barthes nahe, die sich 1953 in dem Essay *Am Nullpunkt der Literatur* ausgedrückt hatte.[15] Nur war bei Foucault das Interesse für Literatur von vornherein entschiedener in ein philosophisches und disziplinär breiter gestreutes Erkenntnisinteresse eingebettet. Für ihn standen literarische Äußerungen „kollegial" neben wissenschaftlichen und ebensosehr neben politischen - wie er sie gerade in seiner Arbeit zur Geschichte des Wahnsinns in königlichen Befehlen, polizeilichen Untersuchungen, mitmenschlichen Denunziationen sowie im Schrei oder im Schweigen irgendwelcher Mißratener oder Mißlieibiger vorfand.

Auf der einen Seite also die breite Streuung oder „Nivellierung" der verschiedenensten Sorten von Äußerungen. Die „Gleichstellung" oder vielmehr Vergleichbarmachung aller möglichen Disziplinen und Nicht-Disziplinen, womit auch die Suspendierung der Wahrheitsfrage verbunden ist, was bei einem Autor, der die Wissenschaftsgeschichte zu seinem Hauptfeld macht, natürlich sofort den Verdacht weckt, er würde die Wahrheit und vor allem deren angeblich höchste Ausprägung nämlich die Wissenschaftlichkeit über Bord werfen.

Auf der anderen Seite aber kreiste Foucaults Beschäftigung mit der Literatur - und mit anderen Äußerungsdispositiven - sehr wohl um philosophische Fragen. Und zwar um solche, die sich in ihrem Umkreistwerden erst allmählich herauskristallisierten. Was ich eben als Foucaults epistemologischen oder erkenntnispolitischen Ansatz bezeichnet habe, den er in seinem Methodenbuch expliziert hat, das hat sich in einer früheren Besprechung eines zeitgenössischen Romans als Frage formuliert.

Roger Laportes Roman *La Veille* (Paris 1963) handelt vom Wachen vor dem Anbruch des Tages, vom paradoxen taglosen Wachen, das den Tag, den es herbeiwachen will, endlos hinausschiebt. In so einem Wachen, das seine Helligkeit inmitten der Nacht gegen den Schlaf der anderen aufrechterhält, sagt Foucault, habe das Abendland „eine seiner grundlegenden Grenzlinien gezogen; habe es eine Teilungslinie gezeichnet, aus der uns ständig die Frage entgegenkommt, welche den Raum der Philosophie offenhält: was ist denn das - erscheinen"?[16] Das ist Foucaults erste Formulierung seiner minimal- und gleichzeitig fundamentalontologischen Epistemologie des „Un-Scheinbaren". Versteckt ist sie in einem Text über einen Roman, der seinerseits einen Sachverhalt thematisiert, der sich als zugleich „empirische" und „minimale" Version dessen ausnimmt, worum Foucault eher Umwege machte: des Bewußtseins.[17]

Infam ist das Schlüsselwort in Foucaults Text, das direkt in die Dramatik seines Gegenstandes einführt und gleichzeitig durch seine Negierung hindurch auch noch den „Ursprung" oder den „Ureffekt" der Literatur - jedenfalls der alten, tatsächlich aber jedweder - weitertransportiert: die *Fama*. Mit dem Ruf, dem Ruhm, der Glorie ist zugleich ein politischer Aspekt der Literatur benannt. Foucault hat den Begriff, der das Gesamtspektrum der *Fama* - zwischen ihr und ihrem konträren Gegenpol - aufreißt, in seiner „Primärliteratur" selber gefunden.

Die von ihm zitierte verlassene Amme ersucht um die Festsetzung ihres Gemahls, weil damit ihre „Schmach und Infamie" beendet oder zumindest gemildert werden könnte. Und derselbe Duchesne, Gerichtsbeamter, aus dessen flehentlichem an den König und gegen seine Ehefrau gerichteten Internierungsantrag Foucault ein paar Zeilen zitiert, wirft in diesem Schreiben, das in der genannten ausführlichen Anthologie zur Gänze abgedruckt ist, seiner Frau alle möglichen Niederträchtigkeiten vor: darunter auch *Infamien* - in denen sie ihn zu Unrecht der schlimmsten Verbrechen beschuldige.[18] Duchesne, der in diesem Erniedrigungsdrama, welches von „unten" ausgeht, durch seine berufliche Stellung, der er auch seine Sprachgewalt verdankt, wohl von vornherein gute Karten hat, liefert im Jahr 1758 dem Philosophen im Jahr 1977 den Begriff.

Und aufgrund der lautlichen Nähe assoziiert der Philosoph *infam* mit *infim.*[19] Dieses heißt: unterst, niedrigst, letzt, mindest, nichtigst. Der Philosoph nimmt also einen Begriff aus der Topologie-Axiologie, um dem moralisch-politischen Begriff des *Infamen* seine ontologische Funktion zuzuweisen: daß er nämlich die Fundamentalontologie der Literatur aufreißt. Im selben Jahr, in dem Foucault die Vorfrage der Philosophie formuliert hat, hat er von der Möglichkeit einer „Ontologie" oder „formellen Ontologie der Literatur" gesprochen.[20]

Im Text zu den *Infamen Menschen* rückt er am entschiedensten und am weitesten in so eine Ontologie vor.

Zur Politik

Wenn Foucault sagt, die moderne Diskurspolitik habe einen konstitutiven Bezug sowohl zur Wahrheit wie auch zur Macht, so könnte man geneigt sein, das so zu verstehen, daß sie mit der Wahrheit ein enges Verhältnis und gegenüber der Macht ein eher gespanntes Verhältnis habe. Das moderne Intellektuellensystem neigt sicherlich zu einer derartigen Selbstpositionierung: seine Wahrheitsliebe steht außer Streit. Auch wenn sich die „Literatur" im engeren Sinne mehrheitlich auf die Seite der Fiktion geschlagen hat, sollen ihre Wahrhaftigkeit und ihre Wahrheitswirkung nicht anzuzweifeln sein. Und ihre konstitutive Opposition gegenüber der „Macht“, erhöhe noch ihren Wahrheitsanspruch.[21]

Eine derartige Einbildung im Verhältnis zur Wahrheit läuft auf eine Wahrheitsaneignung hinaus. Und einen großen Schub in dieser Richtung hat Foucault historisch in eben dem Kontext festgestellt, in dem auch die frühneuzeitliche Menscheninternierung erfunden worden ist. Zu den Internierungsgründen und -objekten zählte ja auch der „Wahnsinn“ und indem die Vernunft die Unvernunft zum Verstummen und fast zum Verschwinden brachte, habe der Mensch sein Verhältnis zur Wahrheit umgestaltet: er habe sie sich untergeordnet und sich angeeignet. Foucault sagt es ganz drastisch: der Mensch habe „die Sonne der Wahrheit dem schwachen Licht seiner eigenen Wahrheit untergeordnet“; er hat sogar gesetzt „er selbst sei die Wahrheit der Wahrheit“.[22] Also Aneignung der Wahrheit, Unterordnung unter sich, Selbstsetzung als Wahrheit bzw. Überwahrheit.

In Foucaults Diskursanalysen der Siebzigerjahre schien sich diese neuzeitliche Entwicklung erfolgreich durchzusetzen. Es war da die Rede von

„Wahrheitsproduktionen" und „Wahrheitsstrategien", in denen die Wahrheit nur mehr ein Mittel oder ein Vorwand oder gar ein Alibi in reinen Machtstrategien zu sein schien.[23] Immerhin war auffällig, daß Foucault hartnäckig am Begriff oder zumindest am Wort *Wahrheit* festhielt. Und dieses Festhalten indizierte sehr wohl eine denkerische Haltung, für die mit der neuzeitlichen Wahrheitsaneignung, das grundsätzlich offene Verhältnis zur Wahrheit eben doch nicht geschlossen ist oder gar die Wahreit „kassiert" oder „liquidiert". Auch die Wahrheitsaneignung und die mit ihr verbundene Einbildung ändert nichts daran, daß verschiedene „Wahrheitsregime" oder „Wahrheitspolitiken" möglich und notwendig sind.[24] Jede Wahrheitsaneignung ist *eine* Wahrheitspolitik- und sie schließt die Möglichkeit einer anderen Wahrheitspolitik nicht für immer aus. Die Geschichte der Wahrheit, zu der Foucault einige Anläufe macht, will tatsächlich eine Geschichte der *Wahrheit* sein - ohne Anführungszeichen oder sonstige ironische oder gar dekonstruktive Vorbehalte.[25]

In den Achtzigerjahren ist Foucault dann selber zu einer anderen *philosophischen* Wahrheitspolitik übergegangen. Zum ersten Mal hat er nicht nur andeutungsweise sondern offen von der Wahrheit als einer eigenen Instanz gesprochen, um derentwillen sich einiges lohne. Um einen Zugang zu ihr zu bekommen, empfehle es sich, einiges zu unternehmen. Etwa eine Freundschaft zu pflegen, damit einem jemand etwas Wahres sage; oder das Risiko der Parrhesie einzugehen, um etwas Wahres sagen zu können.[26] Foucaults dreistrahlige Sorge-Nahelegung unterscheidet zwischen Sorge um sich, Sorge um die anderen, Sorge um die Wahrheit.[27] Die drei Sorgerichtungen sind zwar auf einander bezogen. Aber mit ihrer Unterscheidung ist jeder eindeutigen Unterordnung, Integrierung oder gar „Identifizierung" der Wahrheit (Identifizierung mit einem Menschen oder mit Menschen überhaupt) der Boden entzogen. Die Wahrheit ist „wieder" etwas Fremdes. Keine Aussage ist automatisch wahr; kein Aussagender sagt automatisch oder autopoietisch etwas Wahres (abgesehen vielleicht von Tautologien).

Foucault meinte mit Wahrheit die Aussagenwahrheit. Trotzdem hat er immer realisiert, daß zwischen Aussagen und Wahrheit eine generelle Fremdheit besteht. Viele Aussagen sind nicht oder kaum wahrheitsfähig: Fragen, Befehle, Fiktionen. Und die wahrheitsfähigen Aussagen sind nicht automatisch wahr. Trotzdem bestehen zwischen ihnen und der Wahrheit positive Spannungen: sie wollen wahr sein und sie sollen wahr sein. Spannung aber heißt: das Verhältnis ist offen und es kann so oder so ausfallen. Aufgrund dieser Entfernung zwischen den Aussagen und der Wahrheit fiel es Foucault immer leicht, wahrheitsfähige und nichtwahrheitsfähige, wahre und falsche Aussagen zu „nivellieren" und nach anderen Kriterien zu vergleichen und zu analysieren.

Wenden wir uns wieder dem Komplex der *Infamen Menschen* zu. Darin finden sich wohl auch nichtwahrheitsfähige Aussagen. Aber so wie in jedem Aussagenkomplex lassen sich natürlich Wahrheitspolitiken feststellen: die Anklagen sind mehr oder weniger wahr bzw. unwahr (sie wollen aber durchwegs als wahr aufgenommen werden); die Polizeiuntersuchungen und -berichte sind ebenfals mehr oder weniger sorgfältig oder schlampig oder vielleicht sogar manipuliert; die Registrierung der Dossiers dürfte wohl einigermaßen zuverlässig sein. Um das

Gegenteil zu behaupten, müßte man dem französischen Absolutismus systematisches Fälschertum unterstellen. Foucault hat sich zu einer derartigen Unterstellung weder veranlaßt noch verpflichtet gefühlt.[28] Weitere Wahrheitspolitiken sodann bei Foucault, der auf die Dokumente gestoßen ist: die Rührung, die ihn überkam, als er in diesen verstaubten Registern diese Leben fand, ist ein Fall von Wahrheitspolitik im eminenten Sinn: da hat einer gesucht - und mehr gefunden. Da war nicht nur eine Seite aktiv sondern mehr Seiten. Diese Begegnung gab Foucault dann die Kraft zu weiteren Wahrheitspolitiken: er hat abgeschrieben, analysiert und dann mit Arlette Farge publiziert. Wahrheitspolitiken dann bei Verlegern, Lesern usw..

Nimmt man jedoch den Komplex der *Infamen Menschen* ernst, so muß man sich eingestehen, daß es da um etwas anderes geht: schlicht und einfach um Machtausübung. Einige Individuen setzen alle erreichbaren Machthebel in Bewegung, um andere Individuen, die ihnen aus irgendeinem Grunde unerträglich sind, aus ihrer Lebenswelt - sei es die Familie, sei es die Straße - zu entfernen und an einen abgeschirmten Ort bringen zu lassen, wo diese festgehalten und mit anderen ähnlichen Unerträglichen vielleicht zu einer Besserung angehalten werden. Es handelt sich um Machtausübungen, denen Rücksichtslosigkeit und Brutalität nicht abgesprochen werden können.

Auch dann nicht, wenn man sich darüber klar wird, daß es dabei wohl doch um etwas anderes geht. Die Internierungsanträge erbitten Gerechtigkeit. Es geht ihnen um die Beseitigung einer Unerträglichkeit und somit um die Besserung ihres Zustandes. Um ihrer Bitte Nachdruck zu verleihen, bitten sie um Gerechtigkeit - also um etwas, worauf man Anspruch hat. Häufig konterkarieren und verstärken sie ihre Bitte, indem sie auch um Barmherzigkeit flehen. Ihre Bitte geht an den König, der für beides zuständig ist: für das Recht und die Gnade. Allerdings umgehen diese Anträge den Institutionenbereich, der eigentlich für die Durchsetzung von Gerechtigkeit zuständig ist: den Bereich des Rechtswesens.[29] Die Institution, die abseits der Gerichte zwischen dem Individuum und dem König steht, ist die Polizei. Diese Organisation, formiert sich erst in der frühen Neuzeit und um sich gegen die älteren Rechtsinstitutionen durchzusetzen, kümmert sie sich um viel *mehr als das Recht*: sie kümmert sich um ungefähr alles, was nützlich und gut ist: die Lebensvermittelversorgung, die Errichtung von Manufakturen, Ruhe im Religionsbetrieb, gute Ärzte, Sicherheit auf den Straßen, Frieden in den Familien. Kurzum: die Polizei macht sich anheischig, „das Glück des Volkes zu konstruieren".[30] Auch eine Machtausübung, die nicht automatisch und schon gar nicht schlechthinnig den angestrebten Effekt erreicht.

Dieses *Mehr-als-Recht* könnte man in einer langen Begriffsreihe artikulieren: Recht-Gerechtigkeit-Sicherheit-Wohlfahrt-Glück-Erbarmen. Es ist verständlich, daß man einer Institution, die so viele Erwartungen wecken konnte, viel Vertrauen und damit auch Durchsetzungsfähigkeit gewährte. Es konnte nicht ausbleiben, daß sich die Institutionen des Rechts mit den Kompetenzen der Polizei auseinandersetzen und komprimittieren mußten. Foucault hat beschrieben, daß die Vermischung der Aufgabenstellungen nicht harmlos ist.[31] Umso wichtiger ist es, die obige Reihe der Begriffe als Reihe stehen zu lassen und zwar als offene Reihe. Die Kriterien und Instanzen, die das Handeln braucht, müssen mitsamt ihren Unterschieden festgehalten, auseinandergehalten und offengehalten werden - damit die Installierung der Verhaltensweisen und Machtverhältnisse nicht zu einfach wird.

Es ist eine ungeheure Leistung von Foucault, daß er in der zweiten Hälfte des 20. Jahrhunderts seine Aussagenanalyse nicht dadurch interessant gemacht hat, daß er die Instanz der Wahrheit gestrichen hat. Er hat damit die Dimension der Instanz überhaupt wieder eröffnet. Das schließt nicht aus, daß auch für die Aussagen die Analyse der Instanzen noch weitergehen muß. Bei der Analyse der anderen Verhalten und Machtausübungen hat Foucault viel stärker gezögert, ja sich beinahe geweigert, irgendwelche Kriterien oder Instanzen zu formulieren. Er hat sich aber nicht geweigert, sich mit den Phänomen- und Problembereichen zu beschäftigen, in denen die Wahrheit als Kriterium nicht ausreicht. Phänomene und Probleme, in denen es um Unrecht und Recht, um das Ungewollte und das Gewollte geht und in denen nicht alle entscheidenden Unterschiede rein deskriptiv bestimmt werden können: etwa durch das Spektrum zwischen Allmacht und Ohnmacht, zwischen Machtstabilitität und Machtflexibilität, zwischen Selbstbestimmung und Fremdbestimmung. Man braucht dazu auch Begriffe, die Präferenzen ausdrükken. Solche präferenziellen Begriffe sind entweder volitiver oder normativer Art. Volitive Begriffe, die bei Foucault eine Rolle spielen, sind: positiv: die Lust, negativ: die Unerträglichkeit; weniger anfreunden konnte er sich mit dem Begehren oder dem Glück. Der einzige normative Begriff jedoch, dem sich Foucault nicht entziehen konnte, ist die Wahrheit.[32]

Von einer Wahrheitsbegegnung, die ihm einen gewissen Glanz und eine Rührung und wohl auch eine Freude beschert hat, berichtet Foucault hier.

[1] Auf deutsch zuerst in *Tumult Zeitschrift für Verkehrswissenschaft 4: Schulen der Eliten* (1982). Die vorliegende Übersetzung ist überarbeitet.

[2] Die deutsche Ausgabe enthält zusätzlich ein Vorwort von Michel Foucault, einen Text von Oskar Panizza sowie ein Nachwort von Wolfgang Schäffner und Joseph Vogl: Herculine Barbin, Michel Foucault: *Über Hermaphroditismus* (Frankfurt 1998)

[3] Deutsche Ausgabe: A. Farge und M. Foucault (Hg.): *Familiäre Konflikte: Die „Lettres de cachet"* (Frankfurt 1989).

[4] Michel Foucault: *Folie et déraison. Histoire de la folie à l'âge classique* (Paris 1961). Deutsche Ausgabe: *Wahnsinn und Gesellschaft. Eine Geschichte des Wahns im Zeitalter der Vernunft* (Frankfurt 1968)

[5] *Moi, Pierre Rivière, ayant égorgé ma mère, ma soeur et mon frere.... Un cas de parricide au XIXe siècle* (Paris 1973). Deutsche Ausgabe: *Der Fall Rivière herausgegeben von Michel Foucault. Materialien zum Verhältnis von Pschiatrie und Strafjustiz* (Frankfurt 1975)

[6] Michel Foucault: *Surveiller et punir. Naissance de la prison* (Paris 1975). Deutsche Ausgabe: *Überwachen und Strafe. Die Geburt des Gefängnisses* (Frankfurt 1976).

[7] Michel Foucault: *Les Anormaux*. Cours au Collège de France (1974-1975) (Paris 1999). Hier wird beschrieben, wie in der Französischen Revolution der König mit dem infamen Menschen „zusammenfällt“: der abgesetzte und eingekerkerte Ludwig XVI. wird zum Monster schlechthin (86ff.); aber schon vor der Entthronung des Königs gibt es - im römischen Imperium, bei Shakespeare - das Phänomen des „infamen Souveräns“ (12ff.).

[8] Bis zu seinem letzten Interview am 29. Mai 1984: Le retour de la morale. Wieder abgedruckt in: Michel Foucault: *Dits et écrits* IV (Paris 1994): 696ff. Siehe dazu auch: Thomas Gutmann: Nietzsches ‘Wille zur Macht’ im Werk Michel Foucaults. In: *Nietzsche-Studien* 27 (Berlin-New York 1999).

[9] Siehe Friedrich Nietzsche: *Jenseits von Gut und Böse* III, 62. In: ders.: *Sämtliche Werke. Kritische Studienausgabe* 5 (München 1980): 82; ders.: *Götzendämmerung*: Die „Verbesserer der Menschheit“ 4. In: ders.: *Sämtliche Werke. Kritische Studienausgabe* 6 (München 1980): 101f.; ders.: *Ecce homo*: Die Geburt der Tragödie 4. In; ders.: *Sämtliche Werke. Kritische Studienausgabe* 9 (München 1980): 313.

[10] Siehe Michel Foucault: *Archéologie du savoir* (Paris 1969): 145ff., 223f. ; siehe auch Michel Foucault und Walter Seitter: *Das Spektrum der Genealogie* (Bodenheim 1996): 90f., 106f.

[11] Nietzsche führt die Entstehung auch des Großen auf niedrige Instinkte und obskure Erfindungen zurück. Siehe Michel Foucault: La verité et les formes juridiques. In: Michel Foucault: *Dits et écrits* II (Paris 1994): 542ff.

[12] Daß er sich mit Nietzsche ein sehr zweideutiges Spiegelbild ausgesucht hat, hat Foucault wohl gewußt. Ausgesprochen hat er es nur selten. So in Japan - siehe ders.: *Dits et écrits* III (Paris 1994): 538f., 592; oder andeutungsweise in seinem letzten Interview; siehe ders.: *Dits et écrits* IV (Paris 1994): 704.

[13] Einige davon wurden gesammelt herausgegeben in: Michel Foucault : *Schriften zur Literatur* (München 1974); siehe auch meinen Beitrag „Michel Foucault" in: Wolf-Dieter Lange (Hg.): *Kritisches Lexikon der romanischen Gegenwartsliteraturen* (Tübingen 1984)

[14] Deutsche Ausgabe: *Raymond Roussel* (Frankfurt 1989)

[15] Die deutsche Ausgabe erschien 1959 in Frankfurt.

[16] Michel Foucault: Guetter le jour qui vient. In: ders.: *Dits et écrits* I (Paris 1994): 263; siehe auch Michel Foucault und Walter Seitter: *Das Spektrum der Genealogie* (Bodenheim 1996): 90f.

[17] Die Thematik des Wachens (zu der die des

Überwachens gehört) greife ich auf in *Kunst der Wacht. Träumen und andere Wachen* (Berlin 2000)

[18] A. Farge und M. Foucault (Hg.): *Le désordre des familles. Lettres de chachet des Archives de la Bastille au XVIIIe siècle* (Paris 1982): 78.

[19] *Infim* - der Superlativ von inferior (Komparativ) - ist im Deutschen nicht gebräuchlich. Sinnverwandt, teilweise ähnlich klingend, aber unendlich viel länger ist *infinitesimal.* Die lateinische Sprache hingegen hat ihre Frechheit und Genialität wieder einmal damit bewiesen, daß ihr das Wort *infimus* - angesichts seiner Bedeutung - auch noch zu lang war: sie hat es auf *imus* (sic!) zusammengestrichen. Zur Ontologie der Literatur gehört übrigens auch das Anschauen der Wörter. Foucault hat es bei einem verrückten Propheten gelernt, der eine Zeit lang in Magdeburg als Französischlehrer tätig war. Siehe Michel Foucault: 7 Worte über den 7. Engel. In: *Tumult Zeitschrift für Verkehrswissenschaft 6: Engel* (1983)

[20] Siehe Michel Foucault: Le langage à l'infini. In: ders.: *Dits et écrits* I (Paris 1994): 253f.

[21] Foucault nennet dieses System einen „Mythos", den es zu „liquidieren" gelte. Siehe: La verite et les formes juridiques. In: Michel Foucault: *Dits et écrits* II (Paris 1994): 570.

[22] Siehe Michel Foucault: *Wahnsinn und Gesellschaft. Eine Geschichte des Wahns im Zeitalter der Vernunft* (Frankfurt 1969): 15; ders.: *Psychologie und Geisteskrankheit* (Frankfurt 1968): 131.

[23] Siehe Michel Foucault: *Sexualität und Wahrheit 1: Der Wille zum Wissen* (Frankfurt 1978): 83.

[24] Michel Foucault: *Dispositive der Macht. Über Sexualität, Wissen und Wahrheit* (Berlin 1978): 51.

[25] Besonders überzeugend sind diese Anläufe in: La verité et les formes juridiques. In: Michel Foucault: *Dits et écrits* II (Paris 1994): 538ff.

[26] Siehe Michel Foucault: Freiheit und Selbstsorge (Frankfurt 1985): 15; ders.: *Diskurs und Wahrheit. Die Problematisierung der Parrhesia* (Berlin 1996)

[27] Siehe H. L. Dreyfus und P. Rabinow (Hg.): *Michel Foucault: Jenseits von Strukturalismus und Hermeneutik* (Weinheim 1994): 275.

[28] Systematische Fälschungen und Fälschungskumulierungen sind aus dem Mittelalter wie aus dem 20. Jahrhundert nach Christus bekannt. Daß jedoch das halbe Mittelalter in seiner chronologischen Existenz auf einer Großfälschung beruht, ist eine Idee des späten 20. Jahrhunderts.

[29] Siehe A. Farge und M. Foucault (Hg.): *Familiäre Konflikte: Die „Lettres de cachet“* (Frankfurt 1989): 271.

[30] Siehe A. Farge und M. Foucault (Hg.):271ff.

[31] Siehe Michel Foucault: *Überwachen und Strafe. Die Geburt des Gefängnisses* (Frankfurt 1976): 273ff.

[32] Nicht um sich von Nietzsche oder von Deleuze abzusetzen, sondern um seine Erkenntnisoption, sein Erkenntnisschicksal zu formulieren, sagte Foucault im Jahre 1983: „...wahrscheinlich zeigt sich bei ihm [scil.: Deleuze] in der Theorie des Begehrens die Beziehung zu Nietzsche, während mein Problem ohne Unterlaß und immer die Wahrheit war, das *wahr-sagen* [auf deutsch]...“ Michel Foucault. Structuralisme et poststructuralisme. in: ders.: *Dits et écrits* IV (Paris 1994): 445

INTERNATIONALER MERVE DISKURS

61 Foucault, Mikrophysik der Macht
67 Deleuze/Guattari, Rhizom
68 Deleuze/Foucault, Der Faden ist gerissen
69 Lyotard, Das Patchwork der Minderheiten
71 Cixous, Die unendliche Zirkulation des Begehrens
75 Lyotard, Intensitäten
77 Foucault, Dispositive der Macht
79 Baudrillard, Kool Killer oder Der Aufstand der Zeichen
80 Virilio, Fahren, fahren, fahren...
81 Baudrillard, Agonie des Realen
82 Irigaray, Das Geschlecht das nicht eins ist
83 Klossowski/Foucault/Blanchot/Deleuze, Sprachen d. Körpers
84 Deleuze, Ein Nietzsche-Lesebuch
90 Virilio, Geschwindigkeit und Politik
95 Deleuze, Kleine Schriften
94 Cixous, Weiblichkeit in der Schrift
99 Godard, Liebe Arbeit Kino
101 W.Müller (Hg.), Geniale Dilletanten
102 Lyotard, Affirmative Ästhetik
104 Heiner Müller, Rotwelsch
105 Bonito Oliva, Im Labyrinth der Kunst
112 Baudrillard, Laßt Euch nicht verführen!
113 Barthes, Cy Twombly
114 Lotringer, New Yorker Gespräche
116 Virilio/Lotringer, Der reine Krieg
118 Fitzgerald, Der Knacks / Deleuze, Porzellan und Vulkan
121 Foucault, Von der Freundschaft
122 Cage/Charles, Für die Vögel
124 Böhringer, Begriffsfelder. Von der Philosophie zur Kunst
126 Veyne, Aus der Geschichte

128 Kneubühler, Wegsehen
129 Lyotard, Malerei u. Phil. i. Zeitalter ihres Experimentierens
132 Virilio, Ästhetik des Verschwindens
133 Foucault, Vom Licht des Krieges
134 Taubes, Ad Carl Schmitt. Gegenstrebige Fügung
135 Borngräber (Hg.), Berliner Design-Handbuch
136 Blixa Bargeld, Stimme frißt Feuer
138 Borges/Santiago/Casares, Die Anderen (Drehbuch)
139 Deleuze, Spinoza. Praktische Philosophie
140 de Certeau, Kunst des Handelns
141 Seitter, Das politische Wissen im Nibelungenlied
142 Hosokawa, Der Walkman-Effekt
143 Luhmann, Archimedes und wir
145 Ingold, Das Buch im Buch
146 Philosophien der neuen Technologie. ars electronica (Hg.)
147 Charles, Zeitspielräume. Performance Musik Ästhetik
148 Deleuze/Foucault/u.a., Pariser Gespräche. Hg. F. Ewald
149 Virilio, Die Sehmaschine
151 Böhringer, Moneten. Von der Kunst zur Philosophie
152 ars electronica (Hg.), Im Netz der Systeme
153 Deleuze, Kants kritische Philosophie
154 Seitter, Versprechen, versagen
155 Acker, Ultra light-last minute-ex+pop-literatur
156 Baudrillard, Das Jahr 2000 findet nicht statt
157 Von d. Bürokratie zur Telekratie. Weibel, Virilio,Flusser u.a.
158 Wiener, Probleme der Künstlichen Intelligenz
159 Platz machen, Hg. A. Brandolini und "steirischer herbst"
160 Prigogine/Stengers/Pahaut/Serres, Anfänge
161 Zizek, Liebe Dein Symptom wie Dich selbst!
162 Ruhm? Eine Le Monde-Umfrage
163 Lotringer, Foreign Agent. Kunst in den Zeiten der Theorie
165 Virilio, "Das irreale Monument". Der Einstein-Turm

166 Deleuze, Woran erkennt man den Strukturalismus?
167 Foucault, Was ist Kritik?
168 Bonito Oliva, Eingebildete Dialoge
169 Baudrillard, Transparenz des Bösen
170 Deleuze, Proust und die Zeichen
171 Haerle (Hg.), Karten zu "Tausend Plateaus"
172 Schickel, Gespräche mit Carl Schmitt
173 Seitter. Piero della Francesca
174 Glasmeier (Hg.), Periphere Museen
175 Zischler, Tagesreisen
176 Böhringer, Orgel und Container
177 Virilio, Revolutionen der Geschwindigkeit
178 Böhringer, Was ist Philosophie?
179 Seitter, Distante Siegfried-Paraphrasen
180 v. Foerster, KybernEthik
181 Jabès, Der vorbestimmte Weg
182 Deleuze, Bartleby oder die Formel
183 Rosset, Das Prinzip Grausamkeit
184 Baudrillard, Die Illusion des Endes
185 Dirk Baecker, Postheroisches Management
186 Charles, Musketaquid. Cage, Ives u.a.
187 Schliemann, Reise durch China u.Japan 1865
188 Grenier, Über Indien
189 Schmidgen (hg.) , F. Guattari.Ästhetik u. Maschinismus
190 O'Doherty, In der weißen Zelle
191 You can't judge a book by its cover (CD)
192 Jarman, Chroma. Ein Buch der Farben
193 Klugheitslehre: militia contra malicia
194 Jabès/Nono/Cacciari Migranten
195 Guattari/Virilio/u.a. Takamatsu ein Architekt aus Kyoto
196 Gilbert-Rolfe, Das Schäne und Erhabene von heute
197 Foucault, Diskurs und Wahrheit

198 Deleuze, Lust und Begehren
199 Baudrillard/Guillaume, Reise zu einem anderen Stern
200 Gracian, Der Held
201 Garland, Reise zu 100 Tempeln...
202 Derrida, Einige Statements...
203 Buci-Glucksmann, Der kartographische Blick der Kunst
204 Westbam/Goetz, Mix, Cuts & Scratches
205 Rosset, Die Wahl der Worte
206 Garland, Six American Composers
208 Baecker, Poker im Osten
209 Böhringer, Auf dem Rücken Amerikas
210 Jaspers, Strindberg und van Gogh
211 Kapielski, Davor kommt noch
212 Schmidt, Von Raum zu Raum
213 Jeudy, Stadterfahrungen
214 Agamben, Bartleby oder die Kontingenz
215 Kapielski, Danach war schon
216 Onfray, Die Formen der Zeit
218 Foucault, Die Malerei von Manet
219 Jullien, Über das Fade. Eine Eloge.
220 Ort , Schlachtfelder der elektronischen Wüste
221 Virilio/Kittler/Hagen u.a., Mehr Licht
222 Qrt, Tekknologic,Tekknowledge,Tekgnosis
223 Stingelin, Das Netzwerk von Gilles Deleuze
224 Jullien Über die Wirksamkeit
225 Derrida/Kittler, Nietzsche - Politik des Eigennamens
226 Nancy, Der Eindringling, Das fremde Herz
227 Böhringer, Auf der Suche nach Einfachheit
228 Nakagawa, Kyoto - Klänge des Kosmos
229 Baudrillard, Der unmögliche Tausch
230 Rosset, Das Reale in seiner Einzigartigkeit